AF273580

«Cuando se piensa en motivación desde una perspectiva de dirección y gestión, es muy importante valorar este aspecto: no se puede motivar a las personas, solamente se puede influir en lo que ellas están motivadas a hacer»

# Soft Skills

# MOTIVAR PERSONAS

24 tácticas de eficacia
demostrada para elevar
la productividad en el trabajo

ANNE BRUCE

«Cuando se considera el crecimiento personal como factor de motivación, se está cambiando el modo de pensar de los empleados acerca de su trabajo, se les ayuda a ser más competentes y se les ofrece un objetivo importante para ir a trabajar cada día»

La edición original de esta obra ha sido publicada en lengua inglesa por The McGraw-Hill Companies, Inc., Nueva York con el título: *How to Motivate Every Employee. 24 Proven Tactics to Spark Productivity in the Workplace*, 2003.

Diseño de cubierta: XicArt
Maquetación: www.freiredisseny.com

ISBN: 978-84-10235-09-0
Depósito legal: B 18-2024
Primera edición: Junio de 2024

Impresión: Gráficas Rey
Impreso en España / *Printed in Spain*

# Índice

--------------------------------

«La motivación tiene que ver con el cultivo de su capital humano.
El reto no reside en el propio trabajo, sino en usted, la persona que crea y gestiona el entorno de trabajo»

--------------------------------

## ICONOS USADOS EN ESTE LIBRO

 Listas. Con la información sintetizada y ordenada.

 Sugerencias, ideas ... Al final de cada capítulo se proponen tres.

 Este icono señala en el texto un ejercicio o práctica.

 Soluciones o estrategias casi mágicas.

 Herramientas para mejorar sus habilidades.

 Historias o anécdotas que pueden ayudar a entender lo explicado.

# Presentación

**M**otivar *personas* es un pequeño pero impactante libro que ayudará a que mánagers como usted utilicen en su ámbito profesional, acciones y estrategias de éxito motivacional de compañías icónicas de primera clase mundial como Disney, SAS Institute, Virgin Management Limited, Levi Strauss, Starbucks, Four Seasons Hotels, Capitol One, etcétera. Además, se incluyen una serie de consejos, herramientas, técnicas y sugerencias creativas, oportunas e inmediatamente aplicables –presentado todo ello de forma concisa y breve– que evitarán que usted y sus empleados caigan víctimas de la mediocridad y la autosuficiencia.

No obstante y en última instancia, ninguno de estos principios e ideas innovadoras valdrá gran cosa, si usted no es capaz de traducirlos a una serie de pasos de acción rápida que influyan en el comportamiento actual de sus subordinados –¡ahora mismo! Este libro le permite hacerlo.

Sus expertas competencias y habilidades y su talento le han llevado hasta su puesto actual. Permita ahora que este accesible y práctico libro le ayude a aplicar una serie de informaciones y directrices breves y concisas para ser aún más eficiente y efectivo –como mánager capaz de motivar–.

Estoy convencida del poder y la influencia que el mánager o el jefe de hoy en día puede tener sobre la motivación de los empleados. Con el conjunto de técnicas apropiadas, como las que se incluyen en este libro, podrá volver a despertar y reanimar el ímpetu en su organización. Y no sólo eso, sino que también será capaz de inspirar a todos los que están a su alrededor, cuando cree un entorno en el que los empleados explotarán su propia energía motivacional y rendirán al máximo nivel.

Confío en que usted encuentre en las *Motivar personas* una herramienta profesional valiosa y un recurso al que recurrirá una y otra vez. Éste es un libro que trata de los mánagers que crean un ambiente en que sus subordinados se apasionan por su trabajo y ponen lo mejor de sí mismos en dicho trabajo. Espero que usted también se apasione con la información contenida en este libro.

# 01

—

# Tenga un personal motivado

------------------------------

«Creo que hombres y mujeres quieren hacer un buen trabajo, un trabajo creativo, y si se les proporciona
el ambiente apropiado, lo harán»

------------------------------

BILL HEWLETT, *cofundador de Hewlett Packard*

He aquí la pregunta del millón de dólares: ¿Quién desearía ser influido e inspirado por usted? Si usted no es capaz de responder esta pregunta, entonces usted no tiene nada que hacer en la dirección y gestión de personas. Como conferenciante profesional y formadora corporativa, he hecho esta pregunta a miles de mánagers y líderes empresariales de Estados Unidos y otras partes del mundo, y es sorprendente constatar hasta qué punto esta pregunta puede ser difícil de responder para algunos mánagers y supervisores. A menudo, sencillamente se quedan anonadados y en silencio.

Veamos por qué es tan importante ser capaz de responder a esta pregunta. Los mánagers realmente no pueden hacer nada ni ser eficaces en su trabajo si sus subordinados no están motivados para rendir adecuadamente. Por tanto, como mánager o como jefe, es imprescindible que busque permanentemente nuevos medios de involucrar a su personal y de provocar su entusiasmo y compromiso con la organización y sus objetivos.

La realidad es que la gente está motivada para hacer lo que revierta en su propio beneficio. Por tanto, su tarea como mánager consiste en ayudar a los empleados a identificar su bienestar con el de la organización. Cuando esto ocurra, los empleados se sentirán naturalmente motivados a esforzarse, porque esto redundará en su propio beneficio.

Todo esto no es más que otra forma de decir que la motivación es intrínseca. Es lo que nos impulsa a conseguir los resultados que deseamos. Cualquier cosa que hagamos, la hacemos porque creemos que hará realidad algún objetivo o deseo presente o futuro.

Considere lo siguiente. ¿Cuándo ha estado más entusiasmado por su trabajo? Para la mayoría de la gente el entusiasmo tiene su origen en estar involucrado en proyectos cercanos y estimados —proyectos que nos tomamos como

—

15

algo personal o en lo que creímos que podíamos constituir la diferencia y conseguir algo para nosotros y para los demás–. Cuando ayude a los empleados a identificarse estrechamente con la tarea que están realizando, usted estará empezando a cosechar la recompensa de la motivación intrínseca en marcha.

¿Y cuándo fue la última vez que pensó en intentar de verdad «entusiasmar» a su organización? Usted es el mánager, ¿no es cierto? ¿No es ése su trabajo? Sí, pero la motivación de hoy en día tiene que ser responsabilidad de todos. Como mánager, su trabajo es ayudar a construir una organización auténticamente motivadora que inspire a los empleados a esforzarse al máximo día tras día. El rol que usted desempeña como líder y mánager de personas es de extrema importancia.

 Veamos a continuación tres aspectos clave para ayudar a construir esta organización motivadora:

→ **Sepa por qué sus subordinados desearían ser motivados por usted:** cuando usted sea capaz de responder esta importante pregunta, estará mejor preparado para involucrar a los trabajadores en sus tareas de una forma más efectiva e influir en su comportamiento con el objetivo de que actúen de un modo más entusiasta para alcanzar los objetivos de la compañía.

→ **Reconozca que la verdadera motivación es un asunto intrínseco:** la gente discute si la motivación es intrínseca o extrínseca. En realidad, la motivación es exclusivamente intrínseca, está en el interior de cada uno de nosotros. Cuando hablamos de motivación extrínseca nos referimos realmente a factores externos, como privilegios adicionales, gratificacio-

16

nes, aumentos de sueldo, etcétera, que en última instancia influyen en nuestra motivación intrínseca.

→ **Dirija a los empleados hacia lo que es importante y significativo:** esto exige que los mánagers inspiren a sus seguidores a dar la mejor versión de sí mismos, a correr riesgos, a pensar como emprendedores y a dar rienda suelta a su potencial ilimitado y sinérgico.

 Es hora de reflexionar. Conteste a estas tres preguntas que le he planteado en este capítulo. Le recomiendo que lo haga por escrito. Vuelva sobre sus palabras dentro de unos días y vuelva a matizar su respuesta. De esta manera acrecentará su punto de vista y lo hará mas eficaz.

¿QUIÉN DESEARÍA SER INFLUIDO E INSPIRADO POR USTED?

17

¿CUÁNDO HA ESTADO MÁS ENTUSIASMADO POR SU TRABAJO?

¿Y CUÁNDO FUE LA ÚLTIMA VEZ QUE PENSÓ EN INTENTAR DE

VERDAD «ENTUSIASMAR» A SU ORGANIZACIÓN?

# 02

# Lo hacen para ellos

Nuestro jefe es alguien que nos inspirará a que seamos lo que sabemos que podríamos ser»

RALPH WALDO EMERSON

**S**i usted como mánager quiere de influir de verdad en la motivación de las personas, tiene que dejar al descubierto los **motivos** que tendrán para hacer las cosas. Tiene que cuestionar sus **propósitos** y sus **causas**. La gente no va a sentirse verdaderamente motivada por las razones y objetivos que usted tenga. Los empleados se preguntan a sí mismos, «**¿en qué me beneficia esto?**». Sabiendo esto de entrada, es responsabilidad suya descubrir cuáles son los motivos de sus subordinados y luego ayudarles a poner en conexión estos motivos con las actividades y objetivos de la organización. Cuando actúe de ese modo, estará también influyendo de forma positiva en el rendimiento laboral de cada uno de los empleados.

¿Cómo sabrá si está actuando correctamente? Lo sabrá cuando los empleados empiecen a hacerse la pregunta, «¿en qué *nos* beneficia esto? Al cuidar de su gente y de sus intereses, los empleados empezarán a ver que velando por los demás y la organización como un todo es como ellos, en última instancia, cuidan sus propios intereses. Desde luego, se precisa un tiempo para que esto suceda, pero si usted persiste, al final los empleados verán la luz y la espera habrá merecido la pena.

La mayoría de mánagers intentan influir en la motivación de los empleados utilizando abordajes tanto positivos como  negativos. Es importante que usted, como mánager o jefe, conozca y domine **tres técnicas** muy diferentes para influir en la motivación de la gente en el entorno laboral actual y, de ese modo evaluar los pros y contras de las mismas. Al estudiar los tres principales medios que los líderes emplean para influir en sus subordinados descubrirá mayores oportunidades de provocar resultados más positivos en cuanto al descubrimiento de los factores motivadores intrínsecos de los trabajadores.

—

21

Veamos a continuación lo que es eficaz y lo que no lo es para influir de un modo positivo en la motivación del empleado:

→ **El temor y la manipulación no son eficaces:** cuando los subordinados están motivados por el temor y la manipulación no están intentando tanto lograr alguna cosa como evitar perder su puesto de trabajo. Este planteamiento suele dar lugar a que los empleados guarden rencor a sus mánagers, los cuales socavan la comunicación y la cooperación. Las consecuencias de tratar de asustar a los empleados para que rindan no suele durar y casi siempre acabará siendo contraproducente para la organización y sus jefes.

→ **La táctica de «la zanahoria» rara vez funciona bien:** conocida también como motivación a través del incentivo –esta técnica puede también minar a la larga el rendimiento–. Desde luego, la gente se esforzará más temporalmente para conseguir la recompensa, ¿pero qué ocurre después? Usted tendrá que seguir proponiendo nuevos y mejores premios –«zanahorias más dulces»– porque sus empleados esperarán un incentivo cada vez mayor para ir más allá del trabajo mínimo necesario.

→ **Establezca un enfoque que promueva el propósito y el crecimiento personal:** lo que tiene que hacer es ayudar a los empleados a que comprendan que tienen algo con lo que contribuir y usted quiere ayudarles a que lo hagan. Cuando usted pone el énfasis en el crecimiento y el desarrollo personal como medio de influir en la motivación de los empleados, no sólo está contribuyendo a que los empleados maximicen su aportación sino que también está mejorando la productividad de la compañía. Todas las partes ganan.

# 03

---

# Sepa qué es lo que mueve a la gente

------------------------------

«En última instancia, estamos
hablando de redefinir
la relación entre jefe y
subordinado»

------------------------------

JACK WELCH, *antiguo CEO de General Electric*

Los mánagers necesitan saber qué es lo que mueve a sus empleados. ¿Lo sabe usted?

De entrada, si usted coloca a las personas en puestos en los que puedan satisfacer sus necesidades individuales a la vez que realizan un trabajo que es importante para la organización, tendrá unos empleados que estarán más motivados para rendir al máximo nivel.

Los mánagers tienen que hacer del lugar de trabajo un espacio en el que los empleados se sientan bien consigo mismos y donde el trabajo que realizan también les haga sentirse bien por dentro. Cuando sus empleados van a trabajar, no pueden desconectar su vertiente humana, es decir, su naturaleza humana. Las necesidades de los empleados no cambian cuando traspasan la puerta de entrada de la compañía. Para lograr que las personas rindan a un alto nivel, usted debe conectar con su parte humana, o su naturaleza humana, refrendarlas y ayudarles a satisfacer sus propias necesidades.

Comience la tarea prestando atención. Observe a la gente mientras trabaja. ¿Qué les entusiasma? ¿Qué les interesa? ¿Qué les deja fríos? Anime a los empleados a que ensayen sus propios métodos, con tal de que sean compatibles con la realización de su trabajo de forma efectiva.

A continuación, ponga en marcha una encuesta entre los empleados sobre actitudes en el trabajo y pida sugerencias para mejorar. Una vez que disponga de este *feedback*, no ignore los resultados. Utilícelos para hacer cambios que mejoren las condiciones de trabajo de todos, incluidas las suyas.

Es evidente que usted no puede ayudar a todos los empleados a satisfacer todas sus necesidades. Y hay ciertos peligros en esperar que el trabajo de un empleado, por gratificante que sea, constituya toda su vida. Sin embargo, hay determinados pasos que todos los mánagers deben dar para ayudar a sus trabajadores a satisfacer alguno, o incluso varios, de sus deseos más

25

íntimos, lo que les llevará a rendir a su máximo nivel y a encontrar una mayor motivación en el proceso.

 Veamos a continuación tres medios de abordar este tema de una forma más efectiva:

→ **Valore la singularidad de cada persona:** al reconocer a su personal que cada persona es única, estará demostrando que honra y valora los talentos individuales y las diferencias que todos los empleados traen a la organización. Y, quién sabe, incluso podría llegar a descubrir un diamante en bruto.

→ **Emplee el *brainstorming* en busca de una mayor satisfacción de los empleados:** un medio excelente de efectuar *brainstorming* y, por tanto, de motivar a los empleados es a través de grupos de discusión. De ese modo, comenzará a descubrir lo que a los empleados les gustaría obtener de su trabajo. Pida a los empleados que hagan ejercicios de *brainstorming* sobre cómo conseguir que el trabajo sea más satisfactorio. Después, no olvide actuar y avanzar con las ideas y sugerencias propuestas. Cuando reciba ideas de los empleados que no sean apropiadas, explique siempre por qué no lo son y ofrezca reconsiderarlas más adelante.

→ **Asuma que un propósito claro y significativo es importante para la gente:** asuma siempre que aspectos como el crecimiento personal y el reconocimiento, la creatividad y un propósito claro y significativo son tan importantes para sus trabajadores como lo son para usted. Pida a los empleados que describan su puesto de trabajo ideal y que les gusta y no les gusta de su trabajo, y luego utilice lo que haya averiguado para hacer que el trabajo sea más satisfactorio para ellos.

26

Recuerde las preguntas que le planteaba al inicio de este capítulo en relación con sus empleados: ¿Qué les entusiasma? ¿Qué les interesa? ¿Qué les deja fríos? Intente contestarlas ahora mismo. No espere. ¡Aquí tiene papel!

→ ¿Qué les entusiasma?

→ ¿Qué les interesa?

→ ¿Qué les deja fríos?

# 04

## Consiga
## que los empleados
## se sientan como socios

------------------------------

«Es sorprendente lo mucho que
alguien puede conseguir,
si no se preocupa de quién se
lleva el mérito»

------------------------------

ABRAHAM LINCOLN

Si usted quiere que sus empleados se sientan motivados para que trabajen lo mejor posible, y si usted quiere que sean el activo más valioso de su balance de situación, entonces permítales que perciban y experimenten el sentido de pertenencia a la organización.

Los mejores mánagers consiguen que cada empleado se sienta como un socio de la empresa. ¿Por qué? Porque cuando la gente tiene un sentido de pertenencia de alguna cosa, la cuidan, la protegen y se entregan de lleno a la misma.

Una de las formas en que las organizaciones de primera clase mundial y sus mánagers ayudan a crear lugares de trabajo vivos con una forma de pensar emprendedora y un sentido de pertenencia (aparte de las formas más usuales de participación en los beneficios y opciones sobre acciones) es dar nuevos títulos a los puestos de trabajo de los empleados. Por ejemplo, Starbucks y TDIndustries se refieren a sus empleados como socios (*partners*). Guidant, conocida compañía fabricante de marcapasos, utiliza la expresión empleados-propietarios (*employee-owners*). Y Lens Crafters Marriott, W.L. Gore, Publix Super Markets, y Capital One denominan a su personal asociados (*associates*).

Conseguir que todo el mundo se sienta como un socio del negocio es un medio que los mánagers emplean para delegar autoridad y responsabilidad en sus subordinados.

Veamos algunos otros medios para conseguir el mismo resultado:

→ **Fomente una forma de pensar emprendedora:** esto va más allá de la participación en beneficios y las opciones sobre acciones. Tiene que ver con la actitud que usted, el mánager, infunda en los demás. Infundir una mentalidad emprendedora requiere que los empleados piensen como propietarios de la empresa y no como empleados. La expresión transmite también un sentimiento de propiedad conjunta y de inte-

31

rés por el éxito del negocio y la felicidad de su personal. Cuando los empleados se sienten emprendedores, están motivados para enorgullecerse enormemente de su trabajo porque son tratados como socios de la empresa y no como asalariados.

→ **Explique cómo funciona el negocio:** ayude a los empleados a conocer y entender mejor lo que ocurre al otro lado de las paredes de su departamento. Cuando los empleados sepan cómo encajan en la empresa y el aspecto distintivo que representan, serán capaces de realizar su trabajo de un modo más inteligente. Explique a los empleados la historia de la organización para que se enorgullezcan e identifiquen más con ella. Enséñeles cómo se debe interpretar el informe anual de la compañía, en caso de que exista.. Destaque el mensaje del CEO, para ayudar a clarificar el progreso, la misión, la visión y los objetivos organizacionales. Anime a los empleados a que detecten lo que podrían hacer para contribuir directamente al logro de los objetivos estratégicos de la organización. Después, déjeles actuar de acuerdo con sus ideas.

→ **Ayude a los empleados a sentirse como si fueran los dueños de la empresa:** si usted desea que sus empleados se entreguen más al trabajo, ayúdeles a descubrir más de sí mismos en el trabajo que realizan. He aquí la clave: si usted quiere que sus empleados estén motivados para rendir al más alto nivel, ayúdeles a que dominen mejor su trabajo, ayúdeles a sentir que pertenecen a una comunidad y, sobre todo, ayúdeles a que se sientan los dueños del negocio.

# 05

---

# Muestre
# a los empleados cómo
# funciona el negocio

La confianza es el pegamento
que une a seguidores y líderes»

WARREN BENNIS

Para tener éxito hoy en día en el mundo de la empresa, sus empleados tienen que conocer bastante más acerca del negocio y no tan sólo el modo de realizar su trabajo.

Los mánagers que tienen capacidad de influir deben asumir la responsabilidad de ayudar a los subordinados a conocer y entender mejor toda la organización, a adquirir una perspectiva más clara sobre el funcionamiento real del negocio, a analizar la competencia, a aprender a correr riesgos, y a inspirar una forma de pensar innovadora.

Como mánager, usted sabe cómo funciona la organización y gestiona sus finanzas. Ése es su trabajo. Por tanto podría no ser consciente de lo que representa trabajar sin saber cómo cada persona y cada trabajo impacta en los resultados económicos de la compañía. Cuando sus empleados conozcan cómo funciona la compañía y cómo gasta e ingresa el dinero, se sentirán más motivados a contribuir para marcar la diferencia

Comience con la organización de un programa de formación básico sobre la empresa para todos los trabajadores. Existen varios en el mercado que pueden ajustarse de acuerdo con las necesidades de su organización. Estos programas pueden usar un formato de juego para explicar el funcionamiento de la organización y cómo gana o pierde dinero. Éste puede ser un modo agradable y divertido de enseñar a los empleados el negocio de la empresa.

Veamos a continuación otras sugerencias para que la gente adquiera un buen conocimiento de los aspectos básicos del negocio:

→ **Hable de dinero:** comparta con sus empleados la cuenta de resultados mensual del departamento. Esto ayudará rápidamente a los trabajadores a entender mejor cómo sus respectivos trabajos y obligaciones específicas repercuten en el funcionamiento global de la organización, su vecindario, e incluso su comunidad. Dedique tiempo a analizar varios escenarios que muestren el impacto de una sola persona en la totalidad de la organización. Esto puede constituir una auténtica sorpresa. Lo más importante en este sentido es ayudar a que los empleados vean cómo la actitud y conducta de una sola persona podrían impactar en los resultados económicos de la organización, posibles aumentos de sueldos, gratificaciones, participaciones en beneficios, etcétera.

→ **Fomente «la gestión de libros abiertos (*open book management*)»**: estilo de gestión que se ha hecho muy popular y que consiste en compartir con los empleados los datos económicos y financieros y las estrategias operacionales de la organización, y mostrarles después también con datos concretos lo que ellos cuestan y el valor que añaden a la organización. Algunas compañías llegan incluso a publicar los sueldos de todos los trabajadores. Para saber más de este tema, recomiendo el libro de Jack Stack *The Great Game of Business*, publicado en 1992. También encontrará información en Internet en http://greatgame.com

→ **Ayude a la gente a tener una visión general**: cuando haya enseñado a los empleados a tener una visión general y a comprender el efecto monetario domino de cada una de sus acciones, les estará infundiendo la mentalidad emprendedora que da lugar a una organización motivada. Su propósito en este punto será formar empleados más inteligentes, más competentes y altamente motivados que sepan cuál es su rol en contribuir al éxito de la organización, hoy y en el futuro. Ayudar a que los empleados tengan una visión general y no tan sólo una visión miope de sus tareas concretas, puede contribuir a convertirlo en realidad.

# 06

# Conozca
# a la competencia

----------------------------------

«Lo mejor que se puede hacer después de saberlo todo del propio negocio es saberlo todo de otro negocio rival»

----------------------------------

JOHN D. ROCKEFELLER, *fundador de Standard Oil*

Cuando los empleados van todos a una a competir en el mercado, su nivel de motivación aumenta proporcionalmente cuando saben contra qué y contra quién están compitiendo. Nada une tanto a un equipo como el reto de rendir a un nivel superior al de sus competidores y, como consecuencia, a ayudar a que crezca la organización.

¿Es peligroso que los empleados tengan más información de la competencia? Posiblemente –sobre todo por lo que se refiere a desvelar información relativa a planes de incentivos para los empleados, salarios y otros privilegios adicionales–. Pero recuerde que el propósito de que sus trabajadores conozcan a la competencia es que usted, como mánager, pueda utilizar esta información para emprender acciones concretas que hagan de su empresa un lugar de trabajo mejor. Por supuesto, el objetivo final es contribuir a la creación de un ambiente de trabajo en el que los empleados se sientan motivados por algo mucho más importante que unos planes de incentivos o unos sueldos ligeramente más altos.

Ayudar a los empleados a conocer mejor a la competencia no exige necesariamente la adopción de una entusiasta actitud de defensa corporativa, como si las organizaciones fueran equipos de fútbol. Se trata tan sólo de otro medio de ayudar a que los empleados tengan una visión general, ya que la competencia forma parte de esta visión.

Usted llegará a conocer a la competencia a través de la investigación de lo que está haciendo y la aplicación posterior de dicha información para mejorar su propia organización. Con ese espíritu, veamos a continuación algunos medios con los que usted y sus empleados aprenderán algunas cosas más de sus competidores:

→ **Ayude a los empleados a competir en el mercado:** muestre a sus empleados cómo competir de un modo más efectivo en el mercado animándoles a conocer más cosas del sector de actividad y a estar al corriente de los cambios que se produzcan en el mismo. Incluya en su presupuesto las cuotas de sus empleados en las asociaciones profesionales del sector y luego ofrezca a la gente la oportunidad de leer sus publicaciones. Anime a los empleados a que copien y distribuyan noticias del sector, revisiones generales, y estudios de caso relevantes (en algunos casos será necesaria la autorización de la editorial). Aconseje a los empleados que se unan a los foros de discusión de Internet que tratan de temas del sector y de su gestión en general.

→ **Organice ficheros de los competidores:** asigne a una o varias personas las siguientes tareas: conseguir la literatura promocional de los competidores, explorar su página web y hacerse con una copia de su informe anual, en caso de que sea posible. Además, el fichero de un competidor debería incluir copias de anuncios, perfiles de los altos ejecutivos, y los reconocimientos y premios obtenidos por la organización. Asigne un grupo de empleados a que den un paso más y determinen los puntos fuertes y débiles de la competencia en el mercado, la cuota de mercado y el ámbito territorial.

→ **Conozca a sus competidores y cómo se evalúa usted frente a ellos:** un modo rápido y fácil de hacerlo es instruyendo a los empleados para que simplemente pregunten a los clientes cómo evalúan la organización frente a la competencia. Dígales que sean concretos. Descubra lo que sus clientes tienen que decir acerca de precios, programas de atención al cliente, calidad de los productos, etcétera, de los competidores. Haga que documenten este *feedback* y lo utilicen como material de base para mejoras internas en el interior de su departamento.

# 07

___

# Fomente la asunción de riesgos inteligente

------------------------------

«No es el fracaso lo que hay
que castigar, sino los objetivos
de poca monta»

------------------------------

JAMES RUSSELL LOWELL

¿Se ha preguntado alguna vez, «¿por qué no tengo más empleados que estén dispuestos a correr riesgos?» Tal vez se deba a que las pocas veces en que lo intentaron y las cosas salieron mal, fueron sancionados o incluso despedidos. Incluso cuando los empleados tienen éxito en algún proyecto arriesgado y reciben una palmadita en la espalda como premio, también pueden ser regañados por haber tomado la iniciativa. Después de todo hay canales y cadenas de mando, responsabilidades asignadas, mánagers remunerados para correr riesgos, y así sucesivamente. Incluso en los últimos años, las direcciones de las compañías han enviado un mensaje desigual a sus empleados: *queremos que ustedes se sientan capacitados, autorizados y responsabilizados para asumir riesgos –¡pero no fallen o serán despedidos!*

Seamos realistas, todo el mundo comete errores. Los mejores mánagers lo saben, pero también reconocen que el desarrollo de una mentalidad de asunción de riesgos forma parte de la ayuda a prestar a los empleados para que aborden su trabajo de un modo emprendedor –¡y eso es motivador!–. Por tanto es importante que usted, como líder y mánager, respalde, fomente y recompense los comportamientos inteligentes de asunción de riesgos.

La única forma de mejorar es probar cosas nuevas y las organizaciones que no innovan se estancan. Incluso pueden llegar a desaparecer.

Así pues, ¿cómo puede usted crear una cultura que estimule a los empleados a asumir riesgos de forma inteligente y en la que se sientan cómodos? Veamos a continuación algunas ideas a considerar:

→ **Diga a los empleados que riesgo es una palabra de seis letras para tener éxito:** la asunción de riesgos creativa y calculada puede mejorar a cualquier organización. Eso quiere decir que los mánagers y los jefes deberían ayudar a los empleados a ensayar

---

43

nuevas formas de realizar su trabajo, a experimentar mejoras y a animarles y respaldarles en la asunción de dichos riesgos. ¿Y qué ocurre cuando las cosas no salen tal como se han planificado? Nada en especial, porque ello significa que se están probando cosas nuevas. Y a veces las cosas no funcionan. Cuando a los empleados se les permite ser humanos y cometer errores, el reconocimiento por haber asumido el riesgo es lo que recordarán.

→ **Delegue autoridad y responsabilidad en los empleados para que asuman riesgos:** permita a los empleados que asuman un rol activo en las tomas de decisiones que conlleven riesgo–, Usted puede dar ejemplo, como líder, probando cosas nuevas. Demuestre a los empleados el modo de evaluar si hay que correr o no un riesgo. Busque los asuntos esenciales, evalúe las oportunidades frente a criterios objetivos para determinar el posible rendimiento, y luego decida si merece la pena correr el riesgo o si la organización le respalda, sean cuales sean los resultados.

→ **Fomente un comportamiento informado de asunción de riesgos:** correr riesgos es algo que aprendemos con el tiempo, paso a paso. Recuerde a sus empleados que corremos riesgos en muchas de las cosas que hacemos en nuestra vida cotidiana, ya sea casarse, tener un hijo, comprar una casa, cambiar de trabajo, comprar un nuevo coche, o cambiar de ciudad de residencia. Cuantos más riesgos aprendemos a asumir con el tiempo y cuanto mayores sean esos riesgos, más fácil resulta asumir una situación arriesgada que tiene un potencial de recompensa para la totalidad de la organización y su personal.

# 08

---

## Inspire
## una forma de pensar
## creativa e innovadora

-----------------------------

«No hay signo más claro de la locura que repetir lo mismo una y otra vez esperando que los resultados sean distintos»

-----------------------------

ALBERT EINSTEIN

Cuando nos encontramos con una organización que sobrevive y prospera a lo largo del tiempo, suele ser debido a que mánagers como usted han sabido adaptarse a sus circunstancias cambiantes y en ocasiones incluso se han adelantado a los cambios que se han producido a su alrededor. Los mánagers que fomentan la creatividad y el pensamiento innovador entre su gente son motivadores natos.

Comience abordando y eliminando los temores que puedan tener los empleados acerca de pensar de forma creativa. Por ejemplo, algunas personas no se creen capaces de ser creativas. Otras tienden a focalizarse en áreas de utilidad, analizando y juzgando las ideas tan pronto como surgen. Diga a sus subordinados que ha llegado el momento de tomarse las cosas con calma y de no dar por sentado que algo no funcionará porque nadie lo ha probado antes. Dígales que aplacen su juicio crítico cuando alguien les presente lo que pueda parecer una idea disparatada o diferente de las que se han propuesto en el pasado. Haga que los empleados se concentren en cómo pueden hacer funcionar las nuevas ideas y no en los problemas que conllevan.

Los mánagers motivadores se enorgullecen de proporcionar un entorno libre y abierto que inspire a los empleados a ofrecer cualquier tipo de ideas y sugerencias que se les ocurran —sin que importe demasiado lo poco prácticas que puedan parecer de entrada—. Es en este tipo de ambiente donde los empleados se sentirán motivados para esforzarse al máximo y usar su imaginación para ayudar a la organización (y a sí mismos) a triunfar.

Veamos a continuación algunos medios para estimular la creatividad:

→ **Piense a lo grande. Piense en virtual:** los ejercicios de *brainstorming* pueden llevarse a cabo hoy en día a gran distancia unos de otros gracias a la utilización

47

de auditorios ciberespaciales y salas de conferencias virtuales. Las reuniones virtuales están proliferando y pueden desarrollarse de forma tan sincronizada y efectiva como las que tienen lugar en la sala de conferencias de su oficina situada en el vestíbulo. Piense que ahora es posible que sus empleados debatan ideas con colegas del Reino Unido, obtengan *inputs* de otros miembros del equipo ubicados en Burlington, Vermont, revisen un plan de acción antes de asistir a una reunión con otros empleados de Honolulu, y chateen con un nuevo miembro del equipo de Melbourne, Australia.

→ **Utilice herramientas específicas para el pensamiento creativo e innovador:** reserve tiempo para ejercicios de *brainstorming* con los empleados y explore nuevos enfoques e ideas innovadoras y creativas. Usted no sólo debería apoyar una forma de pensar creativa, sino que también, como mánager, debería contribuir a poner en práctica nuevas ideas. Ponga a disposición de los empleados libros sobre creatividad, por ejemplo, *A Whack on the Side of the Head* de Roger von Oech, *Thinkertoys* de Michael Michalko, o *How to Think Like Einstein: Simple Ways to Break the Rules and Discover Your Hidden Genius*, de Scott Thorpe. Alabe la capacidad innovadora de su equipo a través de comunicaciones especiales, boletines de noticias, *emails* y conversaciones cotidianas.

→ **Haga hincapié en los aspectos positivos de las soluciones innovadoras:** ponga énfasis permanentemente en los aspectos positivos del descubrimiento de soluciones innovadoras y en las desventajas de seguir haciendo siempre lo mismo y de la misma forma. No penalice a nadie por tratar de hacer algo nuevo que pueda acabar como un gran error. Al contrario, anime a los demás a aprender de sus errores. Es su responsabilidad estimular la libertad de expresión y felicitar a aquellos que poseen la capacidad de pensar de forma única, creativa e innovadora.

 **Pensar de forma creativa.** Hay muchos métodos sencillos que le pueden ayudar a favorecer que las personas a su cargo traspasen los límites de su pensamiento encapsulado y se abran a establecer asociaciones y nuevos vínculos que abran las puertas a ideas fructíferas. Imagine ahora un *brainstorming* con sus empleados y apunte en cada ficha lo que se le solicita.

PERSONAS QUE USTED CREE QUE **SON** IMAGINATIVAS PERO NO LO PONEN DE MANIFIESTO. ¿POR QUÉ CREE QUE PASA? ¿CÓMO PUEDE AYUDARLES?

49

PERSONAS QUE USTED PIENSA QUE **CREEN** QUE SON IMAGINATIVAS
Y OCUPAN DEMASIADO ESPACIO EN LA CONVERSACIÓN.
¿POR QUÉ CREE QUE PASA? ¿CÓMO PUEDE CONTENERLAS?

# 09

# Confirme el vínculo existente entre motivación y rendimiento

------------------------------

«Nadie a quien le entusiasme su trabajo debe temer nada de la vida»

------------------------------

SAMUEL GOLDWYN

**U**sted tiene que saber como líder que hay una conexión directa entre la **motivación** del empleado y su rendimiento. De hecho, puede ser una conexión tremendamente positiva en función de la cultura de la organización y de la emoción y el entusiasmo que la cultura de la organización infunda a su personal.

Tal vez haya observado que compañías como Disney, Saturn, SAS Institute, Southwest Airlines, Starbucks, USAA, Rosenbluth International, y The Ritz Carlton (por citar unas cuantas) dan siempre la sensación de que hacen un esfuerzo adicional para satisfacer y hacer felices a sus clientes. Sus empleados siempre parecen optimistas y contentos de trabajar allí. Y, sin haber reflexionado siquiera sobre ello, usted sabe de algún modo que existe una conexión directa entre el modo en que dichos empleados rinden en su puesto y el grado de motivación que tienen por su trabajo. Se palpar –¡usted lo puede percibir!–. Ello se debe a que los empleados están motivados para hacer estas cosas, lo cual se demuestra en la calidad de su trabajo. En otras palabras, si usted no cree que motivación y rendimiento están conectados, piénselo de nuevo.

Veamos a continuación tres factores importantes a tener en cuenta en lo que se refiere a vincular la motivación de su personal con niveles más altos de rendimiento y productividad:

→ **Sepa qué impacto tiene en la gente:** todos los mánagers se sienten de vez en cuando como si su impacto sobre la motivación de sus empleados fuera escaso o nulo. Seamos realistas: no siempre se pueden cambiar o controlar determinados factores que influyen en el entusiasmo de los empleados por su trabajo. Algunas cosas pueden estar en sus manos, como condiciones de trabajo, cometidos específicos, salarios y otros beneficios sociales, pero otros factores están fuera de su alcance. Con todo, usted, como mánager, tiene un impacto directo en la tarea de vincular la motivación del empleado al rendimiento. Aprenda alguna de las técnicas más eficaces que les van bien a otros mánagers y luego pruébelas cuando le parezca que son apropiadas para sus empleados. Muéstrese dispuesto a comprometerse con una estrategia a largo plazo para que los empleados no piensen que su enfoque es simplemente una más de una serie de modas pasajeras. Se verá agradablemente sorprendido al descubrir que puede influir en la motivación de sus empleados y mejorar su productividad y actitudes cuando ensaye técnicas innovadoras y apropiadas y las utilice con su propio estilo personal de liderazgo, con sentido del negocio, y con su habilidad para las relaciones interpersonales.

→ **Asegúrese de que los empleados sepan qué es el rendimiento:** no dé nunca por sentado que sus empleados sepan automáticamente lo que usted quiere decir con «rendimiento». Es su responsabilidad definirles con claridad los estándares de rendimiento. Usted tiene que pensar en el rendimiento con sus propias palabras y luego explicar lo que esto significa para sus empleados de forma clara y precisa. Sólo entonces será usted capaz de vincular la motivación al rendimiento de forma satisfactoria.

→ **Diga a la gente lo que se espera de ellos en concreto:** he aquí tres preguntas que todos los mánagers deben ser capaces de responder a todo empleado: «¿Qué se espera de mí?» «¿Cuál es mi rol como parte del grupo y de la organización?» «¿Qué se considera un rendimiento inaceptable?» «¿Qué

debo hacer para llegar a los estándares de rendimiento que usted ha establecido?» Sea explícito.
Cuanto más detalladas y explícitas sean las expectativas, mayores serán las probabilidades de que el
empleado las cumpla o las supere.

 Escriba en las siguientes fichas aquellos factores que
influyen en el entusiasmo de sus empleados por el
trabajo. En la primera ficha anote aquellos que
considere que están bajo su capacidad de cambio y
control. En la segunda aquellos que no. Busque la
manera de compensar unos con otros.

FACTORES CONTROLABLES Y ALTERABLES

55

## FACTORES FUERA DE SU ALCANCE

## ¿ALGUNA IDEA PARA REVERTIR LA SITUACIÓN?

# 10

# Ayúdeles a lograr un mayor rendimiento

--------------------------------

«No todos tenemos el mismo talento, pero sí deberíamos tener las mismas oportunidades para desarrollarlo»

--------------------------------

JOHN F. KENNEDY

**E**n los primeros capítulos de este libro, nos hemos centrado en ayudar a que los empleados estén motivados intrínsecamente. También nos hemos focalizado en el modo en que usted, como mánager jefe o supervisor, puede influir más eficazmente en las fuerzas que compelen a los demás a hacer las cosas que hacen aprovechando al máximo su talento. En este capítulo y el anterior, hemos cambiado nuestro foco de atención para conseguir que los empleados emprendan el rumbo adecuado y luego se esfuercen al máximo con el objetivo de transformar la motivación en un mayor rendimiento y productividad.

He aquí algunos medios a considerar para este fin:

→ **Saque el máximo provecho de la gente:** haga que sus empleados vayan más allá del *status quo* de hacer tan solo el mismo trabajo de la misma forma. Consiga que su trabajo sea un desafío y ayúdeles a tener una visión de conjunto y del papel que desempeñan en ella. Pueden resistirse si perciben que se les están imponiendo unas expectativas más altas. Infórmeles de que simplemente está tratando de ayudarles a que se esfuercen y crezcan en su propio beneficio. ¡Le adorarán por ello! Usted puede ayudarles a que fijen unos objetivos de rendimiento individual que sobrepasen los requisitos de sus puestos de trabajo. Además, cuando les explique cómo su trabajo añade valor a la organización y como ellos influyen en el trabajo de los demás, los empleados comenzarán a descubrir diferentes formas de mejorar y de hacer crecer su talento por sí mismos.

→ **Fije estándares y sea claro:** identifique estos estándares para un puesto de trabajo concreto y sea concreto respecto a los resultados que caracterizan un rendimiento sobresaliente así como uno inaceptable. Implique a sus empleados en esta tarea. Los empleados que están involucrados en la elaboración de estándares son más propensos a hablar de los obstáculos que podrían estorbar sus esfuerzos a lo largo del proceso, lo que le permitirá a usted abordar estos problemas de frente antes de que las cosas se vayan de las manos. Por otra parte, es bastante más probable que unos empleados involucrados entiendan los estándares y las razones que hay tras ellos, y así usted no tendrá que esforzarse tanto para comunicarlos una y otra vez. Y también es más probable que estos empleados acepten este tipo de directrices para tener éxito y estén motivados para cumplirlas lo mejor que puedan.

→ **Defina el ámbito de responsabilidad de los empleados:** asegúrese de que todo el mundo ha entendido quien es el responsable de cada actividad de trabajo. Cuando los empleados conocen sus roles, se reduce la confusión y comprenden mejor cómo podrían colaborar con sus compañeros para alcanzar sus objetivos individuales. Una vez haya hecho esto, habrá establecido ya el próximo paso, que consiste en ayudarles a ensanchar el abanico de sus responsabilidades y abrirles nuevas oportunidades. A medida que el empleado vaya respondiendo, podría sugerirle que asumiera una mayor autoridad en la toma de decisiones de un determinado proyecto. Pero vaya con cuidado. Su objetivo no es amontonar trabajo sobre los hombros de sus empleados. Ellos tienen que saber que usted valora de verdad sus esfuerzos y que quiere concederles la oportunidad de que aprendan más y sobresalgan en su trabajo. Usted necesita que los empleados perciban que este esfuerzo adicional lo hacen en su propio beneficio.

# 11

—

# Consiga que los empleados acepten sus ideas —y las de ellos—

----------------------------------------

«Todos los mánagers saben contar, pero los mánagers inteligentes saben qué es lo que cuenta»

----------------------------------------

ANÓNIMO

Cuanto más *input* pueda proporcionar un empleado sobre el trabajo que se espera que realice, más probable será que acepte las idea que usted le proponga sobre el modo de hacerlo correctamente. Cuando ellos saben que usted se preocupa e interesa de verdad por su rendimiento y que está dispuesto a escuchar sus ideas para mejorar, también se sentirán motivados a aceptar las sugerencias que usted les haga.

Si usted cree que conseguir que sus empleados acepten un programa significa en cierto modo obligarles a aceptarlo, es probable que tenga problemas. Los empleados aceptan de verdad cuando deciden dedicar todas sus competencias y energías individuales como si fueran los propietarios del negocio que están haciendo una inversión económica en una empresa conjunta. Así pues, conceda a sus empleados la oportunidad de implicarse. Si lo hace, se sentirán motivados a aceptar unos estándares de rendimiento más altos en cada nivel.

Veamos a continuación otros medios con los que esto puede llevarse a cabo con éxito:

→ **Asigne a los empleados un rol en la elevación de estándares o niveles de rendimiento laboral:**  cuando usted incluya a sus empleados en la fijación de unos estándares o niveles de rendimiento más elevados, compartirán entusiásticamente con usted sus ideas y sugerencias para mejorar el proceso. Recuerde que casi todos los empleados tienen un gran deseo de desempeñar un rol en la elevación de sus propias expectativas de rendimiento. Cuando se les permita hacerlo, pondrán el listón más alto de lo que usted puede haber previsto.

→ **Documente lo que usted y sus empleados acuerden:** confeccione por escrito una lista de estándares de rendimiento que cumplan o superen las expectativas que usted haya acordado con sus empleados. Recuerde que usted necesita que sus empleados sigan esforzándose pero, por otra parte, también tiene que estar seguro de que son capaces de conseguir sus objetivos. Ésta es la clave para estar siempre extraordinariamente motivado. A continuación, puntualice lo que va a hacer falta para alcanzar realmente estos objetivos, en cada área o puesto de trabajo. Póngalo por escrito y distribuya copias de dichas expectativas a todos los empleados. En la siguiente evaluación del rendimiento del personal o después de completado un proyecto, este documento servirá de base para que usted y el empleado hablen de y cuantifiquen lo que se ha llevado a cabo. Recuerde que lo que se ha cuantificado es lo que él o ella estarán más motivados a realizar.

 → **Planifique un procedimiento, luego póngalo en marcha:** una vez que se hayan fijado los estándares, revise las tareas específicas del puesto de trabajo de cada persona. Identifique y comente las áreas en que cada persona sea competente y esté cualificada. Planifique un procedimiento y delegue sobre la base de la experiencia y nivel de competencia de cada empleado. A continuación, informe a cada empleado que una vez que él o ella hayan arrancado el proyecto y obtenido un mayor dominio de las complejidades del trabajo, usted estará dispuesto en dicho momento a revisar las expectativas en consecuencia. Asegúrese de que los objetivos sigan siendo un reto pero a las vez realistas. Siga adelante, pero dedique tiempo a la observación y el seguimiento. No espere a la finalización del proyecto para chequearlo con sus subordinados. El seguimiento es una forma importante de comunicar a los empleados el *feedback* relativo a su rendimiento a medida que éste se va produciendo. También es un excelente modo de demostrar que su trabajo como mánager es ayudar a todos y cada uno de los empleados a tener éxito.

# 12

# Exprésese con claridad respecto a premios y reconocimientos

------------------------------

«Hay dos cosas que la gente
quiere más que el sexo
y el dinero: reconocimiento y
elogios»

------------------------------

Mary Kay Ash,
*Fundadora de Mary Kay Cosmetics*

Comunique de entrada a sus empleados lo que pueden esperar si cumplen o superan los estándares de excelencia que usted haya establecido para ellos con su ayuda. Hable con claridad sobre posibles premios si alcanzan dichos objetivos. En otras palabras, infórmeles de lo que ganarán y luego pretenda que tengan un éxito que vaya mucho más allá de lo que usted sea capaz de imaginar. Por supuesto, puede ser más barato para la organización que los empleados se queden ligeramente por debajo de las expectativas, porque entonces usted se ahorrará estos premios. Pero los mánagers más inteligentes saben que el éxito, incluso cuando comporta gastos adicionales, engendra más éxito y más motivación entre los trabajadores

Cuando sus empleados lleguen a los objetivos y cumplan un estándar que usted les haya fijado, recompénseles inmediatamente. Nunca deje de hacerlo. De ese modo, estará contribuyendo a que los empleados conecten directamente el premio con el comportamiento y el mayor rendimiento alcanzado.

Nunca haga una promesa sin tener un plan para cumplirla. Cuando esto suceda, estará enviando un mensaje a los empleados diciéndoles que no es fiable y que verdaderamente no tiene fe en ellos. Por otra parte, no haga de la promesa de los premios la razón principal para un buen rendimiento de los empleados. Lo que usted necesita es que los empleados sepan que los premios son el reconocimiento a un trabajo bien hecho y no simplemente el objetivo para el cual se trabaja.

Piense que tras el rendimiento hay personas. Los premios y el reconocimiento deberían estar en consonancia con el logro, pero también con el tipo de empleado. Si usted quiere dar un premio a un vendedor telefónico, por ejemplo, él o ella pueden dar un gran valor a una salida de fin de semana, con hotel y comidas incluidas. Sin embargo, si se trata de recompensar a un vendedor que viaja, un premio como el del ejemplo anterior no entusiasmará demasiado a una persona que pasa gran parte de su semana laboral en hoteles y restaurantes.

Veamos a continuación algunas formas positivas de refuerzo que no son costosas y que ayudarán a comunicar claramente a sus empleados que quiere manifestar su reconocimiento por un trabajo bien hecho:

→ **Otorgue una mayor autonomía:** con ello indica a los empleados que usted confía en ellos para que tomen decisiones que afectan a su trabajo. Transmite también un sentido de responsabilidad adicional.

→ **Aumente la visibilidad de los empleados en el interior de la organización:** envíe un *email* o un memorando al resto de empleados donde reconozca públicamente el excelente trabajo realizado por uno de ellos. Cuando usted ayuda a incrementar la visibilidad de un empleado que ha hecho un buen trabajo, está reforzando este trabajo con sus elogios y su reconocimiento. Si está incluido en el presupuesto, otra forma de agradecer un trabajo bien realizado es suministrar a dicha persona medios profesionales adicionales, como un nuevo sistema informático, *software*, un ayudante, o dinero en efectivo para la compra de libros o la asistencia a cursos o seminarios.

→ **Exhiba el éxito:** la exhibición del éxito suele requerir un reconocimiento especial, como un diploma enmarcado, una placa grabada o un trofeo. A veces, a los mánagers les gusta exhibir el éxito con una periodicidad trimestral con premios tipo «Walk-theTalk» (predicamos con el ejemplo) o vales obsequio para los miembros del equipo. En algunos casos, los mánagers piden a los propios empleados que expongan sus esfuerzos y logros especiales mediante la presentación de un estudio de caso especial en una conferencia de prestigio o en una reunión de altos directivos.

# 13

# Espere siempre lo mejor de los empleados

----------------------------------------

«El liderazgo es rendimiento.
Usted tiene que ser consciente
de su comportamiento, porque
todos los demás lo son»

----------------------------------------

*Carly Fiorina, CEO de Hewlett Packard*

**E**s natural y prácticamente inevitable que los mánagers se formen expectativas de sus trabajadores. Los estudios realizados al respecto han descubierto que nuestras expectativas de los demás en el seno de una organización están unidas directamente a la productividad, la rentabilidad, y sí ¡a la motivación! Si usted tiene unas altas expectativas de sus empleados, tendrá en su poder una herramienta potente y eficaz para mejorar el rendimiento de y la motivación en el interior de su organización.

A menudo, el rendimiento es una cuestión de expectativas. Los mánagers y los supervisores se forman expectativas de otras personas, lo cual a su vez influye en cómo interactúan con dichas personas. Si usted no espera gran cosa de sus empleados, ellos percibirán esta actitud y su rendimiento no será bueno. ¿Por qué? Porque las expectativas que tiene usted de ellos afectan a su deseo de hacer bien las cosas. Lo que pasa es que la gente intenta de forma natural estar a la altura de las expectativas que tenemos de ellos, o a superarlas, según sea el caso. Por tanto, espere lo mejor de los empleados y no se sorprenda si éste es exactamente el resultado.

He aquí algunas ideas sobre el modo en que los mánagers pueden obtener lo mejor de su personal:

→ **Consiga lo que pide:** las expectativas influyen en la conducta. Hablando claro, si usted espera lo mejor de sus empleados, es muy probable que lo consiga –una y otra vez–. Esto es cierto sobre todo si usted trata a los empleados como si fueran capaces de cumplir adecuadamente y les proporciona la información que necesitan. Esto les facilita que se sientan motivados y cumplan lo que usted (y ahora ellos) espera.

→ **Aproveche el Efecto Pigmalion:** se trata de la tendencia de la gente a actuar de un modo coherente

71

con las expectativas que se tienen de ellos. El rendimiento de los empleados mejora en gran medida cuando se comunica de antemano a los mánagers que van a dirigir un grupo excepcional formado por trabajadores de alto potencial. Como estos mánagers suelen tratar entonces a dichos empleados como si fueran capaces de ofrecer un rendimiento de primera calidad, el resultado es que cumplen de acuerdo con lo esperado. Emplee el Efecto Pigmalion para demostrar que está comprometido con su personal y para hacer lo siguiente: cree un ambiente de alto rendimiento, comparta los premios otorgados al rendimiento excepcional e inspire a los demás a que rindan a un nivel más alto.

→ **Cree un entorno de alto rendimiento y alta productividad:** si quiere aprovechar de verdad la auténtica motivación que hay en el interior de los empleados, usted debe crear deliberadamente un entorno que conduzca a la consecución de unos niveles más altos de rendimiento de los empleados. Eso significa que todo el mundo conoce perfectamente y está focalizado en los objetivos de la organización, que el trabajo es estimulante y supone un desafío, que la gente se siente respetada y valorada, que la gente dispone de los medios necesarios, y que las personas se ayudan y colaboran entre sí sin necesidad de que se lo pidan.

# 14
—

# Fomente un rendimiento excepcional

------------------------------

«El camino mejor y más corto
para hacer fortuna es hacer ver
a los demás que si promueven
los intereses de usted
beneficiarán los de ellos»

------------------------------

JEAN DE LA BRUYERE,
*escritor francés del siglo XVII*

Si usted desea de verdad fomentar un rendimiento excepcional en su personal, entonces tendrá que motivarles para que lleguen a estos niveles más altos de rendimiento y productividad. Los grandes líderes suelen ser personas que inspiran y motivan a los demás. Parecen tener el don de promover el optimismo y la convicción en un futuro mejor. Como mánager, usted podrá crear también un ambiente que anime a la gente a escalar al siguiente nivel de realización, satisfacción y excelencia personal.

Haga todo lo pueda para mostrar a sus empleados que sus acciones son sinceras e importantes por lo que respecta a ayudarles a rendir al máximo.

Considere las siguientes estrategias:

→ **1)** Pida a todos *inputs*, ideas y sugerencias sobre el ambiente de trabajo actual y cómo se puede mejorar. Publique a continuación un plan y ponga a actuar a su personal. ¡Eso es motivador!

→ **2)** Haga hincapié en el compromiso personal con su equipo. En otras palabras, usted también debe estar estimulado por su trabajo. Elogie siempre el compromiso mostrado por su personal.

→ **3)** Conecte el éxito de su equipo al éxito de la organización. Cuando ponga en práctica estas estrategias, estará contribuyendo a garantizar que la dirección valora a su personal y que desea emprender acciones que beneficien tanto a los empleados como a la organización.

He aquí algunos medios adicionales para entusiasmar a los empleados:

→ **Comparta las recompensas:** un objetivo importante de cualquier programa motivacional es ayudar a que los empleados perciban que el propio trabajo es la recompensa. Los mánagers refuerzan nuestra motivación natural cuando planifican que los empleados disfruten de las recompensas que resultan de su trabajo. Así pues, comparta las recompensas con todos aquellos que han contribuido al éxito de la organización. Por ejemplo, cuando un empleado o un grupo de empleados mejoran un proceso o ahorran dinero a la compañía, comparta estos beneficios con ellos. El plan puede incluir un porcentaje de los ahorros conseguidos o una gratificación fija.

→ **Reconozca y alabe su trabajo:** además del dinero, hay otras formas de participar en las recompensas de un rendimiento excepcional. Por ejemplo, se sorprendería de la reacción de los empleados ante un simple cumplido por un trabajo bien hecho. Es mejor felicitar a una persona cara a cara y luego enviarle una carta o un *email* de agradecimiento. Y en esta época de correspondencia generada por la tecnología, una tarjeta o una nota de agradecimiento escrita de su puño y letra es aún más valorada. Recuerde que siempre tiene que ser concreto en sus felicitaciones.

→ **Capacite, capacite, capacite:** nada estimula tanto a los empleados a conseguir un rendimiento excepcional como la formación y el entrenamiento. La formación al empleado envía un mensaje claro que dice, «usted vale esta inversión». Ofrezca a los empleados oportunidades especiales de aprender, tanto dentro como fuera de la organización. Fomente siempre el desarrollo personal y profesional permanente y observará cómo la motivación se pone por las nubes. Cuando los empleados son inscritos en programas, seminarios o cursos de formación, se les está diciendo que la dirección valora de verdad su rendimiento y quiere ayudarles a que mejoren continuamente sus competencias/habilidades. Cuando actúe de ese modo, asegúrese de que ofrece también a los empleados oportunidades inmediatas de poner en práctica sus nuevas competencias. De ese modo, la formación será rentable de forma inmediata y la gente se tomará en serio lo que haya aprendido.

 Haga una lista en cada ficha. Sea creativo, busque en su imaginación alternativas a las recompensas, el reconocimiento y la capacitación.

**RECOMPENSAS**

## RECONOCIMIENTO

## CAPACITACIÓN

# 15

# Ofrezca incentivos y estimulantes de la moral

------------------------------

«La gente necesita sentir que lo
que hace marca la diferencia»

------------------------------

FRANCES HESSELBEIN,
*Presidenta de The Drucker Foundation*

Un medio que los mánagers están descubriendo para enriquecer el entorno de trabajo es potenciar los beneficios de trabajar allí. Se ha terminado la época en que los paquetes de prestaciones sociales no incluían más que una póliza de seguros de atención sanitaria y dental. Los mánagers como usted son cada vez más creativos en cuanto a ofrecer a sus empleados incentivos y estimulantes de la moral exclusivamente suyos que contribuyen a un entorno de trabajo apasionante y motivador en continuo cambio.

Aprenda una lección rápida de las siguientes compañías de primera fila que diseñan sus propios incentivos para empleados y que ofrecen unos beneficios adicionales motivadores que dan lugar a unos niveles de rendimiento más altos y a unos empleados más felices.

- Goldman Sachs, Nueva York: cuando los empleados trabajan hasta altas horas de la noche, esta compañía de Wall Street, los traslada a su casa en una limusina y sin coste alguno para ellos.
- Valassis Comunications, Livonia, Michigan: los empleados reciben un coche prestado, cuando el suyo está en el taller; obtienen descuentos en servicios de limpieza del hogar. Los nuevos padres reciben sillas infantiles de coche.
- MBNA, Wilmington, Delaware: cuando alguien dice «sí quiero» la firma le hace generosos regalos de boda, incluidos el servicio de limusina el día de la boda, un cheque de 500 dólares y una semana de vacaciones.
- WRQ Inc., Seattle, Washington: peculiar pero cierto, este proveedor de integración de *software* ofrece a sus empleados una sala para hacer la siesta sobre unos colchones de primera calidad.
- J.M. Smucker, Orrville, Ohio: este famoso fabricante de mermeladas enriquece el entorno laboral con rotaciones continuas en diferentes puestos de trabajo que mantienen a los empleados motivados e interesados.
- REI, Kent, Washington: los nuevos padres tienen dos semanas de permiso pagadas para cuidar a sus bebés.

81

- Dell Computer, Round Rock, Texas: todo el mundo tiene una semana de vacaciones por Navidad y 10 días remunerados para asuntos personales.

Veamos a continuación algunas reflexiones para ser creativos en el campo de los incentivos:

→ **Sea flexible con los empleados:** ¿sabía que ayudar a los empleados a conciliar vida laboral y vida familiar repercute en una alta motivación? ¿Sabía también que el beneficio adicional más solicitado por los empleados es la flexibilidad? Veamos cuáles son los tipos de flexibilidad que más demandan los empleados: teletrabajo o trabajo desde casa, horarios flexibles, trabajo compartido, y semana laboral comprimida (10 horas diarias durante cuatro días a la semana), reducción de la jornada laboral en verano, y tiempo libre para asuntos personales cuando sea necesario.

→ **Motive sin dinero:** en efecto, es posible motivar a los trabajadores con muy poco dinero o incluso sin dinero. Veamos algunas ideas al respecto: pegue una nota de agradecimiento en la puerta del despacho del empleado, fije un día en el que los mánagers laven los coches de los empleados, conteste las llamadas telefónicas de alguien durante un día, convoque reuniones para celebrar éxitos que estimulen la moral del grupo, deje una tarjeta invitando a almorzar un día a criterio del empleado, circule por la oficina con un vale para una cena que puede ser entregado sobre la marcha, asigne una plaza de parking para todo un mes, regale dos viernes consecutivos de permiso, compre flores a alguien, haga una aportación a la organización benéfica preferida de un empleado.

→ **Predique con el ejemplo:** Sea el modelo a imitar de lo que usted espera de los demás. Transmita también su entusiasmo y recuerde a los demás que los problemas se pueden resolver. Muestre siempre su reconocimiento a las personas que vencen obstáculos para obtener resultados. Concéntrese en el aspecto positivo de las nuevas ideas. Reúnase con la gente, individualmente o en grupo, sobre todo cuando la moral esté baja. Manifieste su optimismo y fe en el equipo. Céntrese en las pequeñas pero importantes victorias, no sólo en los grandes éxitos. Promueva la alegría en el trabajo y festeje todo lo que pueda celebrarse.

Ahora es su turno. Escriba una lista de empresas que conozca y destaque una de sus características por la que cree que sus empleados están especialmente motivados. Haga una valoración de utilidad para su propia situación. Del 1 al 5, siendo 1 poca utilidad y 5, mucha.

| | |
|---|---|
| EMPRESA:<br>CARACTERÍSTICA: | |
| EMPRESA:<br>CARACTERÍSTICA: | |
| EMPRESA:<br>CARACTERÍSTICA: | |

| | |
|---|---|
| EMPRESA:<br><br>CARACTERÍSTICA: | |
| EMPRESA:<br><br>CARACTERÍSTICA: | |
| EMPRESA:<br><br>CARACTERÍSTICA: | |
| EMPRESA:<br><br>CARACTERÍSTICA: | |
| EMPRESA:<br><br>CARACTERÍSTICA: | |
| EMPRESA:<br><br>CARACTERÍSTICA: | |
| EMPRESA:<br><br>CARACTERÍSTICA: | |

# 16

# Done su poder

------------------------------

«Si quiere que alguien haga un buen trabajo, dele un buen trabajo que hacer»

------------------------------

FREDERICK HERZBERG,
*teórico de gestión empresarial*

Permita que su personal tenga poder. Si realmente quiere animarlos, prepárese a donar su poder.

Incluso antes de que la delegación de autoridad y responsabilidad (*empowerment*) fuese una expresión de moda en el mundo de la gestión empresarial, los mánagers inteligentes estaban ya familiarizados con el principio básico: cuando los trabajadores se sienten fuertes, seguros y competentes, pueden llevar a cabo más cosas. Estos mismos mánagers saben también que cuando los trabajadores se sienten infravalorados o insignificantes con relación a la compañía en su conjunto, y cuando carecen de autoridad y responsabilidad, suelen rendir por debajo de las expectativas de sus superiores. También suelen quejarse mucho.

Ésa es la razón de que la mayoría de mánagers que motivan donen su poder una y otra vez. Desde luego, es una conducta original y muchos mánagers se resisten a adoptarla porque les gusta retener todo el poder en sus manos. Sin embargo, reflexione sobre ello durante un minuto. Usted no ha sido nombrado mánager para retener el poder. Eso sólo es un recurso —un medio para un fin—. Su responsabilidad como mánager motivador es utilizar su autoridad para conseguir resultados y para ayudar a los empleados a que rindan mejor. Por tanto, si donar su poder contribuye a mejorar el rendimiento mejora, eso es exactamente lo que debe hacer.

Cuando usted renuncia al poder, está permitiendo que sus empleados compartan su autoridad y responsabilidad. Encontrarán mayor motivación en su trabajo y poco a poco usted se verá libre de la carga de tener que emplear «palos», «zanahorias» u otras fuerzas extrínsecas para tratar de influirles, a ellos y a sus comportamientos.

He aquí algunas lecciones adicionales para lograr este mismo objetivo:

→ **Ayude a los empleados a aceptar la responsabilidad consiguiente a la motivación:** cuando los empleados dependen de sí mismos para estar motivados, y no de otras personas, están aceptando la responsabilidad consiguiente. Y cuando aceptan ser responsables de sí mismos, comprenden también que asumen la responsabilidad de su éxito. Para animar la asunción de responsabilidades, deles carta blanca y delegue la autoridad consiguiente para que lleven a cabo una determinada tarea o proyecto a su manera. Ello desencadenará una enorme cantidad de energía y motivación entre su personal. Recuerde que una de las cosas que más desmotivan es asignar la responsabilidad a alguien y luego actuar al revés y decirle cómo tiene que hacer el trabajo. Los mánagers más competentes no cometen este error.

→ **Done poder al personal:** los mánagers inteligentes saben hasta qué punto es importante soltar su poder dentro de cada empleado para que él o ella trabajen lo mejor posible. Cuando su gente se hace cargo del poder, usted estará concediéndoles la autoridad y responsabilidad para que realicen su trabajo de forma eficiente y efectiva con sus propios medios. «La gente tiene el poder» ha sido desde hace mucho tiempo el lema del famoso fabricante de pantalones tejanos Levi Strauss & Co. Esto le ha ayudado a mantener la compañía *durante los años 60* con sus pantalones de flecos y los años 70 con los acampanados, hasta la total reinvención total de la cultura de los tejanos con el cambio de siglo.

→ **Redefina su rol como mánager:** para ello, comience ampliando el *círculo de influencia de todos los empleados*. A continuación, aumente la autoridad de su firma, siempre que sea posible. No permita que los empleados se sientan limitados por el título de su puesto de trabajo. Todos son líderes. Describa los puestos de trabajo de una forma más amplia, dejando espacio para la creatividad y la autonomía. Elimine las normas y políticas relativas a los empleados engorrosas o incómodas. Y apoye siempre el buen criterio y el sentido común. Recuerde el manual para los empleados de Nordstrom, que simplemente dice: *Regla número 1: Utilice su buen criterio en todas las situaciones. No hay reglas adicionales.*

 Su turno. Haga una lista de sus empleados y de las tareas que tienen actualmente encomendadas. Piense en si existe alguna posibilidad de encomendarle nuevas funciones y de qué manera lo podría hacer.

| RESPONSABILIDADES ACTUALES | RESPONSABILIDADES FUTURAS |
|---|---|
| | |
| | |
| | |
| | |
| | |

| RESPONSABILIDADES ACTUALES | RESPONSABILIDADES FUTURAS |
| --- | --- |
| | |
| | |
| | |
| | |
| | |
| | |
| | |
| | |
| | |
| | |

# 17

—

## Fomente la asunción de responsabilidad en todas las situaciones

--------------------------------

Debemos cambiar la filosofía de
la justificación —lo que yo soy
está más allá de mi control—
por la filosofía de la
responsabilidad»

--------------------------------

BARBARA JORDAN,
*abogada, y antigua miembro del Congreso*

¿Cuál es la mejor manera de animar la asunción de responsabilidad entre sus empleados? Ayudándoles a entender y valorar el rol que desempeñan en el panorama general de la organización.

Hay un refrán que debería hacer reflexionar a todos los mánagers: «Ninguna gota de lluvia se considera a sí misma responsable de la inundación». Y en un tono más positivo: «Ninguna gota de lluvia puede nunca llevarse el mérito de hacer crecer las flores». Son muchísimas gotas de lluvia trabajando juntas las que lo consiguen, cada una con su contribución.

Las personas hacen cosas extraordinarias porque, en primer lugar, son responsables consigo mismas. Es clarísimo que no las hacen sólo para conseguir un aumento de sueldo o un ascenso. ¿Qué es lo que nos impulsa a todos y cada uno de nosotros a esforzarnos al máximo o a escalar la montaña más alta? Es la automotivación –la motivación que procede del corazón y la mente, la motivación que hace responsable a cada persona–. Verdaderamente, no hay una fuerza humana mayor.

Veamos a continuación algunas ideas para ayudar a sintonizar mejor con esta idea:

→ **Anime a los empleados a creer en ellos mismos:** cualesquiera que sean las acciones que usted emprenda como mánager, su objetivo final debería ser ayudar a todos sus empleados a creer en sí mismos y a creer que pueden llevar a cabo lo que se propongan. Ayude a sus empleados a aceptar el sentido de la responsabilidad en su trabajo. Esto no sólo les guiará sino que también les estimulará. Cuando una mujer llamada Ffyona Campbell se propuso caminar 16.088 kilómetros a lo largo de todo el continente africano, desde Ciudad del Cabo hasta Tánger, asombró a todo el mundo. Cuando le preguntaron porque lo hacía, replicó, «porque dije que lo haría». Cuando le preguntaron de nuevo a quién se lo había dicho, respondió, «a mí misma». Ffyona creía en sí misma, y fueron la convicción y la confianza las que la impulsaron a enfrentarse a un territorio tan peligroso a pie y sola.

→ **Ayude a los demás a tender el puente que necesitan para alcanzar objetivos:** motivarse a uno mismo y aceptar la responsabilidad es el puente que une la fijación de objetivos y su consecución. Es siempre la fuerza impulsora que hay detrás de los logros de las personas. Veamos a continuación dos medios eficaces para ayudar a los empleados a tender el puente para lograr sus objetivos. El primero es ayudar a los empleados a vencer el miedo. Anime a los empleados a que comenten abiertamente sus temores y lo que más les asuste y luego a ponerse en marcha a pesar de estos temores. Cuando los empleados empiecen a avanzar hacia los objetivos, sus miedos y ansiedades pronto se disiparán y la confianza comenzará a fortalecerse. El segundo es ayudar a los empleados a focalizar su atención en el resultado final. Ayúdeles a visualizar cómo podría ser el éxito y luego avanzar hacia él.

→ **Responsabilice a los empleados:** ser responsable significa asumir la responsabilidad de los actos y sus consecuencias. He aquí algunos consejos para responsabilizar a sus empleados: confeccionar una lista de criterios de rendimiento mutuamente aceptables; poner en conexión las expectativas con las evaluaciones de rendimiento de los empleados y poner las expectativas por escrito de antemano; establecer recompensas por el éxito; establecer consecuencias cuando un trabajo se lleve a cabo de forma deficiente; hacer de la excelencia la única opción y demostrar una baja tolerancia a la mediocridad.

# 18

## Genere confianza para un futuro mejor

La confianza que depositamos en nosotros mismos nos hace tener confianza en los demás»

FRANÇOIS DE LA ROCHEFOUCAULD,
*escritor francés del siglo XVII*

La motivación se basa en parte en una visión de **esperanza** –la esperanza de conseguir el *éxito a partir de nuestros esfuerzos* y de tener un mejor futuro–. En otras palabras, *lo que podría ser la vida*. Cuando creemos en nuestras posibilidades y las de nuestros empleados se abre un mañana más luminoso.

Una de las cosas más importantes que puede hacer como mánager por su personal es ofrecerles esperanza. No la esperanza a secas, sino la esperanza que ofrece orientación, credibilidad y auténtico ánimo. Cuando la gente tiene una buena percepción de su futuro, su entusiasmo y compromiso con el trabajo en que está involucrada se refuerza. Es motivador. Indica que hay una recompensa para el individuo por hacer las cosas bien.

Veamos a continuación otros medios que los mánagers pueden utilizar para construir un mañana mejor para sus empleados:

→ **Comprenda el fenómeno del potencial humano:** el potencial es algo que puede estar o no estar totalmente desarrollado en cada persona. Sea cual sea el potencial de las personas, ellas no lo sabrán a menos que tengan la oportunidad de desarrollarlo. Y aquí es donde entra usted en su papel de líder. Le recomiendo que vea la película *Algo extraordinario más allá del amor*, protagonizada por John Travolta. La película envía un mensaje profundo sobre nuestro potencial inexplotado que se concreta cerca del final de la película cuando el personaje interpretado por Travolta, George Malley, dice «soy lo que todo el mundo puede ser. Soy la posibilidad y cualquiera puede llegar hasta allí». Usted puede contribuir a desencadenar esta posibilidad animando a la gente a probar cosas nuevas y a asumir nuevas responsabilidades.

→ **Genere confianza:** la confianza es un elemento esencial en la gestión de personal y en la construcción de una organización de alto rendimiento. Es la base sobre la que se construye toda relación. Según Tom Peters, «la técnica y la tecnología son importantes, pero incorporar confianza es la cuestión clave de la década». Peters sugiere que los mánagers deben adoptar un enfoque de «alta tecnología y alta confianza», colocar la cuestión de la confianza en el primer lugar del orden del día y tratarla como un asunto de la mayor importancia. Si los empleados perciben que usted no confía en que ellos hagan correctamente su trabajo, se mostrarán reacios a ir más allá sin contar con su aprobación. En cambio, cuando tengan la seguridad de que usted cree que trabajarán bien, querrán corresponder, hacerlo bien y ser merecedores de su confianza.

→ **Muestre a los empleados que merecen su confianza:** cuando usted deposita su confianza en otras personas, está enviando un potente mensaje que dice, «creo que usted es una persona de confianza». Esto indica a la gente que usted tiene fe en su capacidad y competencia y que está convencido de que tienen lo que hace falta para el puesto de trabajo. La confianza es un prerrequisito para generar confianza y seguridad en las personas. Algunos mánagers no hablan del tema de la confianza, o bien utilizan esta palabra en contadas ocasiones, a menudo casi negativamente. Por ejemplo, «ahora Matt confío en que harás esto correctamente», quiere decir «no falles, Matt». Y, «confiamos en ti para que hagas lo máximo posible,» en realidad está enviando el mensaje, «no estamos seguros de lo que está ocurriendo aquí, por tanto esperamos que soluciones esto de algún modo». Es improbable que estas presuntas expresiones de «confianza» tranquilicen a Matt o a Jane. Demuestre su confianza en los empleados permitiéndoles que piensen por sí mismos, hagan preguntas, y tomen sus propias decisiones. Éstas son las «verdaderas» expresiones de confianza que los empleados pueden percibir y creer. Éste es el modo en que los mánagers inteligentes demuestran que los empleados merecen su confianza.

 La confianza se destruye con los prejuicios; con valoraciones negativas construidas, muchas veces, desde primeras impresiones. Para crear confianza, primero hay que romper con esa barrera que son esos juicios previos asentados y de los cuales, en ocasiones, no somos conscientes. Eche un vistazo a las valoraciones que hace de sus empleados: 1) apunte en la columna de la derecha su valoración de ellos y 2) en la de la izquierda el origen o circunstancias de esa valoración. Reflexione si el origen es objetivo (basado en causas concretas) o subjetivo (una mera corazonada).

| VALORACIÓN | ORIGEN |
|---|---|
|  |  |
|  |  |
|  |  |

99

| VALORACIÓN | ORIGEN |
| --- | --- |
|  |  |
|  |  |
|  |  |
|  |  |
|  |  |
|  |  |
|  |  |
|  |  |
|  |  |
|  |  |
|  |  |

# 19

## Levante la moral

--------------------------------

«Debemos hacer algo más que simplemente hacer las cosas bien, también debemos hacer las cosas apropiadas»

--------------------------------

*Extracto de «Our Values», Pfizer Pharmaceutical*

La moral tiene que ver con el entusiasmo y compromiso que las personas aportan a sus puestos de trabajo diariamente. Influye en su motivación para un buen rendimiento. **Baja moral = baja motivación.** Tal vez no sea así de simple, pero lo que sí es cierto es que existe una correlación directa entre moral y motivación.

Todas las organizaciones dependen de las **relaciones** que sus miembros tengan entre sí. Un ambiente de trabajo con una moral elevada tiene que construirse sobre los conceptos de confianza e integridad. Pero no es suficiente que usted confíe en los empleados. Ellos también tienen que confiar en usted. Los empleados necesitan estar convencidos de que sus mánagers persiguen lo que es mejor para ellos. Y el mejor modo de que esto sea realidad es que lo experimenten cada día en el trabajo. Lo mejor de esto es que los empleados (casi todos ellos, por lo menos) querrán corresponder, persiguiendo lo que sea mejor para usted y para la organización.

Recuerde que su personal es su mayor y más valioso activo. Posiblemente seleccionó a sus miembros por sus aptitudes pero la clave para un mayor rendimiento reside en sus actitudes. Cuanto más trabaje para crear un ambiente laboral con una alta moral, a la vez que infunde confianza en sus empleados, más motivados estarán. Examinemos a continuación algunas formas de hacer esto a lo largo de su organización:

→ **Haga lo que dice que hará:** Sea tacaño con las promesas pero generoso con su cumplimiento. Nada generará más confianza que la coincidencia entre sus palabras y sus actos. Las buenas intenciones no son suficientes. Diga a sus empleados que se interesa por ellos, y luego haga coincidir esta afirmación con actos que la corroboren día tras día. La moral alta seguirá después de forma natural.

→ **Haga de la integridad u honradez la forma más elevada de inteligencia de su organización:** la integridad ha sido descrita por algunas personas como la forma más elevada de la inteligencia humana. La integridad no es sólo una extensión de la sinceridad y fiabilidad humana, es también lo que queda cuando nos despojamos de nuestras credenciales y nuestra reputación. Es nuestra fibra moral y nuestra conciencia, nuestras principales convicciones y nuestros valores. Y es también otra característica de un ambiente de trabajo con una moral elevada.

→ **Sea veraz y muestre su lado humano:** ¿cree usted en lo que está transmitiendo a los demás? ¿Es usted sincero consigo mismo? ¿Lidera con el ejemplo y actúa apropiadamente de acuerdo con sus valores? No podrá ser un buen mánager si actúa de un modo incongruente con quien realmente es y con lo que usted cree. Diga la verdad a la gente y no tenga miedo de mostrar su cara humana. No es malo que comparta con los demás sus errores, esperanzas y sueños. Muéstrese a la gente como una persona sencilla y con los pies en el suelo. Los empleados agradecerán su sinceridad y su humanidad –dos características más de un ambiente de trabajo donde la moral es elevada–.

# 20

# Procure que lo pasen bien y estarán motivados

--------------------------------

«Todo lo que quiero es
pasármelo bien.
Tengo la sensación de que no
soy la única»

--------------------------------

SHERYL CROW, *cantante,
compositora, guitarrista, música y
actriz estadounidense*

Los datos están ahí y las conclusiones son claras. Existe una correlación directa entre pasárselo bien en el trabajo y la productividad, la creatividad, la moral, la satisfacción, la retención de los empleados y, sí, lo ha adivinado, la rentabilidad —y, no digamos, una mayor satisfacción de los clientes y multitud de otros beneficios—. Por ejemplo, la alegría en el trabajo alivia el estrés y la tensión, mejora la comunicación, mitiga los conflictos, une a las personas, elimina el aburrimiento y la fatiga, y crea grandes cantidades de energía positiva.

En otras palabras, las personas que trabajan en un ambiente agradable y divertido llegan a contemplar su trabajo como un lugar en el que satisfacer muchas necesidades distintas, reforzando así su motivación para rendir a un más alto nivel.

Sin duda alguna, usted puede formar y entrenar a la gente para que haga cualquier cosa. Pero la clave para el verdadero éxito y para liderar unos trabajadores motivados es tener unas personas que realmente *quieran* hacer su trabajo y que les guste ir a trabajar. Estas personas iluminan el lugar de trabajo y activan a sus colegas. Ésa es la gran diferencia que puede producir pasárselo bien en el trabajo. Si usted piensa que está preparado para tomarse la vida un poco menos en serio y para empezar a disfrutar de los beneficios de un entorno laboral más alegre y feliz, considere las siguientes sugerencias:

→ **Fomente la alegría como base de la motivación:** digamos que usted está convencido de que es un buen negocio relajarse y crear un entorno de trabajo alegre y más agradable—, ¡magnífico! Pero supongamos que usted no sabe cómo abordar el tema. Veamos a continuación algunos consejos para alegrar el ambiente de trabajo como base de la motivación:

- Ríase con la gente, no de ella.
- Relájese. No se tome demasiado en serio.

- Piense con sentido del humor.
- Adopte una actitud alegre y divertida.
- Planee pasarlo bien cada día.
- Ayude a los demás a ver el lado optimista de las cosas.

→ **Averigüe la conexión existente entre pasárselo bien y resultados económicos:** ¿quiere reducir el absentismo, promover una mayor satisfacción en el trabajo, elevar el rendimiento de los empleados, aumentar la productividad y disminuir los tiempos muertos? Cuando fomente un entorno laboral alegre, los anteriormente citados serán sólo una pequeña parte de los beneficios económicos esperables. Asimismo, dedique tiempo a estudiar algunas de las organizaciones más alegres y divertidas del mundo. He aquí unas cuantas a las que echar un vistazo: Rock and Roll Hall of Fame and Museum, (Cleveland, Ohio), Virgin Management Limited, Southwest Airlines, Disney y Ben & Jerry's. Y un último chisme: una encuesta realizada a decanos de escuelas de negocios y ejecutivos puso de manifiesto que el humor juega una parte importante en el funcionamiento de empresas sanas y de éxito.

→ **Reconozca el poder de la diversión y la alegría:** la diversión, la alegría, la risa y el humor –todo ello es purificador–. Nos une a todos los demás que se lo pasan bien. Puede hacer que sea prácticamente imposible sentirse solo o excluido. Cuando compartimos las risas, disfrutamos riendo, pero también disfrutamos compartiéndolas. La diversión y la alegría son motivadoras a causa del placer que generan. Así pues, cuando sus empleados se sientan un poco abatidos, estresados o fatigados, o simplemente no estén de humor para aumentar su eficiencia, una risa puede marcar una gran diferencia.

# 21

# Ataque de frente los factores desmotivadores

---------------------------------

«Sólo hay un modo de saber
hasta qué punto es sólida la
moral de los empleados de su
compañía –pregunte a la gente
quién trabaja de verdad allí.
Si se están filtrando los
desmotivadores,
es que ha llegado la hora de
mandar al garete a todos
y cada uno de ellos a toda
prisa»

---------------------------------

Anónimo

**U**sted, como mánager, tiene un impacto directo o indirecto sobre la confianza en sí mismos, los deseos, los intereses a largo plazo y la capacidad general de sus empleados para que amen lo que hacen para ganarse la vida. Cualquier mánager tiene una gran presión para hacerlo bien.

Seamos realistas, vivimos unos **tiempos difíciles** y cada vez más negativos. No importa hasta qué punto usted pueda ser, como mánager, una persona comprensiva, solidaria, motivadora o animadora, porque de lo que no hay duda es de que se está enfrentando constantemente a una serie de circunstancias que afectan negativamente a la motivación de sus empleados,

Por tanto, en su papel de líder ¿cómo generará y mantendrá la esperanza en medio de influencias que amenazan con desmotivar? Muy sencillo. Usted debe atacar de frente a las circunstancias desmotivadoras. Concentre todas sus energías en lo que **puede** hacer, en lugar de dar vueltas sobre las circunstancias desmotivadoras y empeorar aún más sus consecuencias. Si actúa de ese modo, estará más capacitado para combatir el catastrofismo y enfrentarse a la diversidad que afecta negativamente a la motivación de sus empleados.

Los factores desmotivadores desinflan la burbuja de la motivación. Pueden ser determinados acontecimientos, decisiones de los directivos, decepciones, ausencia de elogios y premios, etcétera. Dirigir todos sus esfuerzos hacia lo que está provocando que la gente se sienta desalentada puede ayudarle a atacar los factores desmotivadores y mantenerlos a raya. Hay tres áreas específicas en las que tiene que ser consciente de que puede crear un punto fuerte organizacional para que sus empleados puedan manejar mejor las situaciones desmotivadoras:

→ **Seleccione al personal más adecuado:** el mejor modo de hacer frente a la desmotivación es prevenirla. En ocasiones, el problema puede radicar en las personas que usted selecciona. Hay personas que tienden a desmotivarse con bastante facilidad o bien son naturalmente negativas de una u otra forma.

Como no puede contar con la superación de los problemas psicológicos del individuo, es mejor evitar contratar a este tipo de personas. Dedique más tiempo al análisis de los candidatos que parezcan más propensos a sufrir problemas de motivación.

→ **Retenga a sus mejores empleados mediante la creación de un ambiente de trabajo que ofrezca grandes cantidades de feedback y genere confianza:** perder a buenos colaboradores es un factor desmotivador indudable. Para evitarlo, elogie y ofrezca *feedback* de forma sincera y precisa a los empleados. El *feedback* los fortalece y genera confianza, incluso cuando es de tipo correctivo. Pregúnteles cómo desearían recibir su *feedback*. De ese modo, estará construyendo una base que le ayudará a evitar sorpresas y a minimizar las molestias de la desmotivación. Los mánagers que crean un entorno rico en elogios y *feedbacks* sinceros fomentan la cooperación y la confianza entre los empleados y la consecución de unos niveles más altos de rendimiento y productividad.

→ **Proteja la dignidad y el amor propio de la gente en cualquier circunstancia:** uno de los factores que más desmotivan a los empleados es que se mine su dignidad. Cree un ambiente de trabajo que anime a que los empleados se respeten entre sí. Algunos consejos al respecto: jamás critique a un empleado enfrente de los demás; ofrezca *feedback* corrector solamente en privado; nunca señale con el dedo a nadie; no utilice en ninguna ocasión un tono de voz condescendiente; no ataque nunca a nadie a nivel personal; concéntrese exclusivamente en el comportamiento y rendimiento profesional, y, por último, si espera que los demás respeten su sentido de la dignidad, usted debería mostrarles también el mismo respeto.

# 22

# Retenga
# a los empleados

----------------------------------------

«Reclute a su personal cada día,
aunque ya lo tenga a bordo»

----------------------------------------

MIKE ABRASHOFF, *Grassroots Leadership LLC,
Boston, Massachusetts*

Para un mánager, todo es cuestión de conservar el personal que mantiene a su empresa en el mercado. ¿Es ilusionante su cultura y despierta el entusiasmo por acudir al trabajo? ¿Se trata con dignidad a todos los empleados? ¿Tiene su trabajo un propósito significativo? Eso es importante para retener a sus mejores empleados. Es perfectamente lógico y natural que la gente quiera trabajar y estar en un lugar donde prevalezca el afecto y el respeto por la gente.

Cuando usted contrata e invierte en personas, está creando un activo valioso, y necesita retenerlos y mantenerlos motivados. ¿Qué hemos descubierto sobre esta forma de actuar? Los estudios y las encuestas realizadas han demostrado una y otra vez que no se trata de dinero, cargos o valor para el accionista. Seamos realistas, de todos modos tal vez usted no tenga demasiado control sobre estos aspectos. Es cuestión de crear un ambiente dónde la gente quiera trabajar y hacer lo que sea para que le contraten y para mantener su puesto de trabajo.

Los mánagers deben esforzarse para crear una reputación de su organización que diga, «todo el mundo quiere trabajar aquí». Men's Warehouse es un buen ejemplo de empresa con una alta tasa de retención de personal. Los nuevos empleados pasan unos cuatro días en una de las 30 sesiones que se celebran anualmente en la universidad corporativa. ¿El coste para la compañía? Nada más y nada menos que un millón de dólares. ¿El rendimiento de la inversión? Una tasa de rotación de personal más baja que la de cualquier otra empresa competidora del sector. Todos los mánagers saben que el proceso de selección y contratación de nuevos empleados es complicado, lleva tiempo y su resultado es muy incierto. Reduzca al mínimo tener que hacer esto reteniendo al personal que ya está en la compañía.

Veamos a continuación algunos consejos e ideas adicionales a tener en cuenta para motivar y retener a su personal de talento:

→ **Sepa qué es lo que retiene a la gente que le mantiene a usted en el mercado:** esencialmente es cuestión de crear un ambiente de trabajo en el que sus empleados se sientan a gusto –una cultura apropiada para ellos– como en Google, uno de los motores de búsqueda de la web con mayor éxito y crecimiento. Allí, los empleados juegan a hockey sobre patines durante el horario laboral, llevan sus perros al trabajo, y almuerzan y cenan gratuitamente en el café de la compañía. ¿El resultado? Los empleados trabajan más tiempo, se esfuerzan más y adoran su trabajo.

→ **Conozca las razones por las que los empleados se quedan:** no tienen que ver con el dinero. Los empleados que más rinden quieren trabajar en un entorno agradable y progresista en el que se sientan valorados y respetados. El dinero es un factor secundario.

→ **La actitud y los valores deben ser su guía:** es más importante cómo son las personas que lo que saben. Organizaciones como Nordstrom, Rosenbluth International, Nucor Steel y JetBlue creen que una organización de verdadero éxito se basa en la selección de personas que tengan la mentalidad, los valores y la actitud apropiada, y no simplemente experiencia. La contratación de personal que usted *quiera* conservar es un paso importante para la construcción de una cultura que consigue que la gente desee quedarse con usted.

116

# 23

# Entréguese en cuerpo y alma a su equipo

------------------------------

«Juntarse es el principio;
mantenerse juntos es el
progreso; trabajar juntos es el
éxito»

------------------------------

HENRY FORD

En este mundo global en el que nos ha tocado trabajar, solemos aprender en primer lugar cosas como operaciones comerciales, finanzas, estrategia de marketing, producción, servicio de atención al cliente, etcétera. Eso puede significar que, como mánagers, descuidemos en ocasiones el hecho de que, en su misma esencia, las organizaciones tienen que ver con personas y las relaciones que establecen al trabajar juntas.

Son las personas y los equipos que crean los que transforman a los empleados individuales en una comunidad de personas que trabajan juntas para alcanzar objetivos individuales y compartidos. Esto llega a ser posible porque los mánagers se preocupan e interesan por su personal. Hay un refrán que dice: «A la gente no le interesa lo mucho que usted sabe, hasta que sabe lo mucho que se interesa por ella». ¿Por qué? Porque cuando usted se interesa por sus empleados, está creando una atmósfera en la que ellos se interesan por usted y por los demás. Pone en marcha su motivación para rendir adecuadamente y para querer mejorar.

Si usted se interesa de verdad por sus empleados y se lo demuestra, estará satisfaciendo su necesidad básica de que se preocupen de ellos. Los estará motivando en cuerpo y alma. Y ese sentimiento especial de consuelo y confianza es el que les ayudará a encontrar una mayor motivación para esforzarse más y trabajar de forma más inteligente.

→ **Fomente el trabajo en equipo motivado:** marcar la diferencia y colaborar con los demás para alcanzar un objetivo son dos de los motivadores más poderosos para llevar a cabo un trabajo estimulante. Junte ambas cosas y dispondrá del potencial necesario para tener un equipo que rinda al máximo nivel. Haga todo lo posible por demostrar su agradecimiento por las aportaciones que haga un empleado y por ser un líder que promueve y facilita el trabajo en equipo.

119

→ **Lidere desde el corazón:** cuando usted anima a los empleados los está liderando con el sentimiento y desde el corazón. Cuando Barbara Walters entrevistó al general Norman Schwarzkopf después de la Guerra del Golfo, le preguntó cómo le gustaría ser recordado. Su respuesta salió del corazón: *que amaba a su familia, que amaba a sus soldados y que ellos le amaban.* El liderazgo motivador es un asunto del corazón y este tipo de líderes se preocupan y se interesan por sus empleados y sus organizaciones. Los empleados reaccionarán de forma natural y positiva ante ello.

→ **Fomente el espíritu de equipo:** los mánagers inteligentes saben que el espíritu de equipo une a las personas. Transformar un grupo de individuos en un equipo unifica y proporciona un sentido común de interés y orientación. Recuerde que como mánager es usted quien marca la pauta. Sus actos y actitudes afectan directamente al entorno en el que su equipo debe realizar su trabajo. Veamos a continuación algunas sugerencias para fomentar el espíritu de equipo:

- Comunique a sus equipos un propósito y un objetivo claramente definidos.
- Deje que sea el grupo el que dicte sus propias reglas.
- Fomente la alegría y el sentido del humor en el trabajo.
- Delegue su autoridad en los empleados para que tomen decisiones y actúen en base a ellas.
- Sea solidario. Haga lo que ha prometido hacer.
- Permita que sea el equipo el que encuentre las soluciones a sus problemas sin que usted deba intervenir.
- Autorice a los componentes del equipo a tomar decisiones de orden económico y elaborar sus propios presupuestos.
- Espere altibajos. Algunas fases de un proyecto progresarán mejor que otras.
- Acceda a que el equipo fije su sistema de premios.

# 24

# Desate la fuerza del potencial humano

------------------------------

«El trabajo puede ofrecer la
oportunidad de crecer
en el aspecto espiritual y
personal, así como en el
económico.
En caso contrario, estaremos
desperdiciando en él
una parte muy importante de
nuestra vida»

------------------------------

JAMES A. AUTRY.
*Love and Profit: The Art of Caring Leadership*

¿ Sabía que la capacidad de su cerebro es prácticamente  insondable? En cuanto a complejidad y poder, el cerebro sobrepasa incluso a las tecnologías más recientes. Puede procesar hasta 30.000 millones de bits de información por segundo a través del equivalente a más de 10.000 kilómetros de cableado informático. El combustible que hace funcionar su cerebro es muy sencillo: el oxígeno de la sangre y un poco de glucosa y ya tenemos energía. Y sin energía no pueden producirse sinergias en el seno de su organización.

Cuando la gente se siente fatigada o apática, no lleva a cabo todo aquello de lo que es capaz, ni siquiera remotamente. Cuando usted se esfuerza en aumentar la energía de sus empleados, les está ayudando a avanzar hacia una vida mejor de trabajo en común–. Eso es lo que la sinergia realmente significa –trabajar juntos o en común. Es un concepto simple y natural, que los mánagers, como usted, están aprendiendo a adoptar en su práctica de gestión. A medida que los expertos en gestión empresarial destacan la importancia del «trabajo inteligente» y del «capital intelectual», los mánagers y jefes se van dando cuenta de la importancia de estas cualidades sinérgicas y de los beneficios que pueden proporcionar dentro de la estructura del equipo.

Este libro le ha proporcionado multitud de medios para obtener lo mejor de sus empleados. Las directrices y consejos ofrecidos tenían el propósito de hacerle pensar –pensar en el potencial que hay dentro de usted y de todos sus empleados, el poder fenomenal de toda esa inteligencia, creatividad, curiosidad y energía–. Como líder y mánager, es imprescindible que aproveche al máximo todo este potencial que le rodea. Los esfuerzos realizados para obtener los resultados habrán merecido mucho la pena, puesto que la sinergia que usted haya creado seguirá creciendo, desarrollándose y motivando durante mucho tiempo. Según decía Ralph Waldo Emerson, «saque el máximo partido de sí mismo... porque eso es todo lo que hay en usted».

Veamos a continuación algunos medios adicionales para que los mánagers desaten la fuerza del potencial humano de sus empleados:

→ **Fórmelos:** el refrán dice, «el conocimiento es poder». No lo es. Lo que sí es poderoso es el modo en que se utiliza el conocimiento. ¿Qué tipos de programas de formación está usted ofreciendo para ayudar a que los empleados adquieran nuevos conocimientos y los utilicen de forma efectiva? La formación ayuda a los empleados a mejorar sus competencias/habilidades y su rendimiento –y demuestra de otra forma más que usted se preocupa e interesa por ellos–.

→ **Entrénelos:** una vez haya invertido en el aprendizaje y desarrollo profesional de sus empleados, es el momento de poner en marcha un programa de *coaching*. Usted tiene que hacer un gran esfuerzo para mantener en funcionamiento sus ordenadores y otro tipo de equipamiento. Pero cuando se trata de la motivación de sus empleados, es fácil olvidar que ellos también precisan «mantenimiento». El *coaching* es un medio efectivo para mantener la motivación de los empleados. Veamos la definición del término *«coach»*: alguien que ofrece experiencia, aliento y comprensión para motivar a alguien a alcanzar su máximo rendimiento».

→ **Ámelos:** al igual que en el gran éxito de Tina Turner, la respuesta a la pregunta, *«What's love got to do with it?»* (¿Qué tiene que ver el amor con esto?) es: ¡todo! El mánager que realmente tiene éxito ama de verdad a su personal y demuestra este amor fomentando un ambiente afectuoso en el trabajo. Hablando claro, «amor» en este contexto significa que usted

124

está preocupado e interesado en su personal y en su éxito, que está contento cuando triunfan y que está dispuesto a ayudarles y a hacer un esfuerzo cuando lo necesiten. El sentimiento de un ambiente de trabajo cariñoso y afectuoso es la esencia que incentiva un trabajo de equipo motivado.

«¿Hasta qué punto es importante la motivación? Tanto que lo cambia todo. Usted puede ser el mánager que más sabe, el que tiene más experiencia y talento y el más competente del mundo, pero si sus empleados carecen de motivación, la mediocridad se irá filtrando en su organización»

# Sobre la autora

**Anne Bruce** es una reconocida conferenciante y líder de talleres y seminarios de ámbito nacional. Ha escrito una serie de libros, entre ellos *Building a High Morale Workplace*, *Motivating Employees*, etcétera.